Heiße Dates am Arbeitsplatz

1

Ai Hibiki

Heiße Dates am Arbeitsplatz

Inhalt

Heiße Dates am Arbeitsplatz

Ich bin mir sicher, dem Kerl unmissverständlich vermittelt zu haben, er solle zum Archiv kommen.

Er kam jedoch nicht und kaum geh ich nach dem Rechten sehen ...

Oh Mann!

Ich dreh durch!

Monatliches Magazin Young
SWING

Ha ha ...

Wirklich?

Quatsch! Nicht doch!

Kyah!

Kyah!

... krieg ich das hier präsentiert!

Satoshi Takigawa ...!

Ich freu mich, dass wir uns unterhalten konnten.

LÄCHEL

Kyah!

Das werde ich mir schmecken lassen!

Dann vielen Dank hierfür.

Dieser Kerl, der jede Frau mit heuchlerischen Schmeicheleien überschüttet ...

*Anrede für ältere Schüler*innen, Studien- und Arbeitskolleg*innen

Was das Skript angeht ...

Ja, was ist damit?

Nicht dafür! Entschuldigen Sie vielmehr, dass wir Sie extra im Redaktionsbüro aufgesucht haben.

... ist mein Senpai*.

... wollen mit mir schlafen, ist doch klar, oder?

Alle Frauen ...

Ich hab deinen wahren Charakter durchschaut!

Seine Überheblichkeit ist so ausgeprägt wie sein Sexualtrieb.

N-san von der Rezeption

Jetzt kann ich sorglos sterben ...

Y-san* aus dem Vertrieb

Eine Erinnerung fürs Leben!

... hab ich Gerüchte gehört, dass er sich an Kolleginnen rangemacht hat.

Tatsächlich ...

Ich kann das nicht weiter stillschweigend ertragen!

Deshalb ...

... macht er seinen Job verdammt gut, was mich nur noch wütender macht.

Obwohl er so ein Player ist ...

Sasano-Sensei** läuft auch auf Hochtouren, seit Takigawa die redaktionelle Betreuung übernommen hat.

Takigawa hat wieder einen Neuen auf den ersten Platz der Umfrage gebracht, was?

Ah ...

Ich war unterwegs.

Ah!

Sein Gesicht sagt: »Die schon wieder!«

Das ist mir nicht entgangen!

Schreib so was bitte in den Terminplan.

Rin Narita ...!

... bei dem ich dich um deine Hilfe bitten möchte.

Ich hab etwas ...

Schließlich bin ich dein Senpai ...

... wenn auch nur zwei ...

Du? Wie ungewöhnlich.

Ich freu mich, dass du dich an mich wendest.

Takigawa, den ich über alles hasse ...

... ist mir so nah!

Er hält mein Handgelenk ...

... fest umschlossen.

Ich hasse ihn ...

... mehr als jeden anderen ...

... aber gleichzeitig ...

Gut.

Das entsprach in etwa der Anfangsszene.

... mach bitte weiter.

Die ist jetzt im Kasten ...

...

Okay ...

Da ist meine Euphorie unerwartet mit mir durchgegangen.

... mein exzentrischer Wunsch ...

Aber er wird endlich wahr ...

Ah ...

SCHAUDER

Nur zu,
Senpai ...

Da
ist dieser
sadistische
Blick!

Was ...
ist?

Sei so abscheu-
lich wie immer
und zahl es mir
heim, ja?

Hat er
meine gehei-
me Begierde
durchschaut?

Was ...

... für kalte
Augen!

Ein Gesicht, das
er den anderen
niemals zeigt.

Ich
hatte mir
so einiges
ausgemalt
...

Nie hätte ich ge-dacht ...

... dass ich mich so pein-lich berührt fühlen würde.

Ich halt's nicht aus!

Das entspricht aber dem Szenario.

Sieh mich nicht so eindring-lich an!

Es ist so erniedri-gend!

Das bisschen wird draußen niemand spitzkriegen.

Lass mich mehr von dir hören.

Nein ...!

Aah!

Das ist gerade ...

... der köstlichste Albtraum.

Ich be-
fürchte, ich
verliere den
Verstand ...

So eine
teuflische
Erniedri-
gung ...

Das
ist zu
viel!

Ich bin
zwar dieje-
nige, die das
eingefädelt
hat ...

KATSCHAK

... aber es
nimmt ein
Ausmaß
an ...

SST

Ich ...

... kann es nicht zulassen, dass er das hier komplett durchzieht!

Ta...

Taki...!

?!

Ah ...

FLAPP

FLAPP

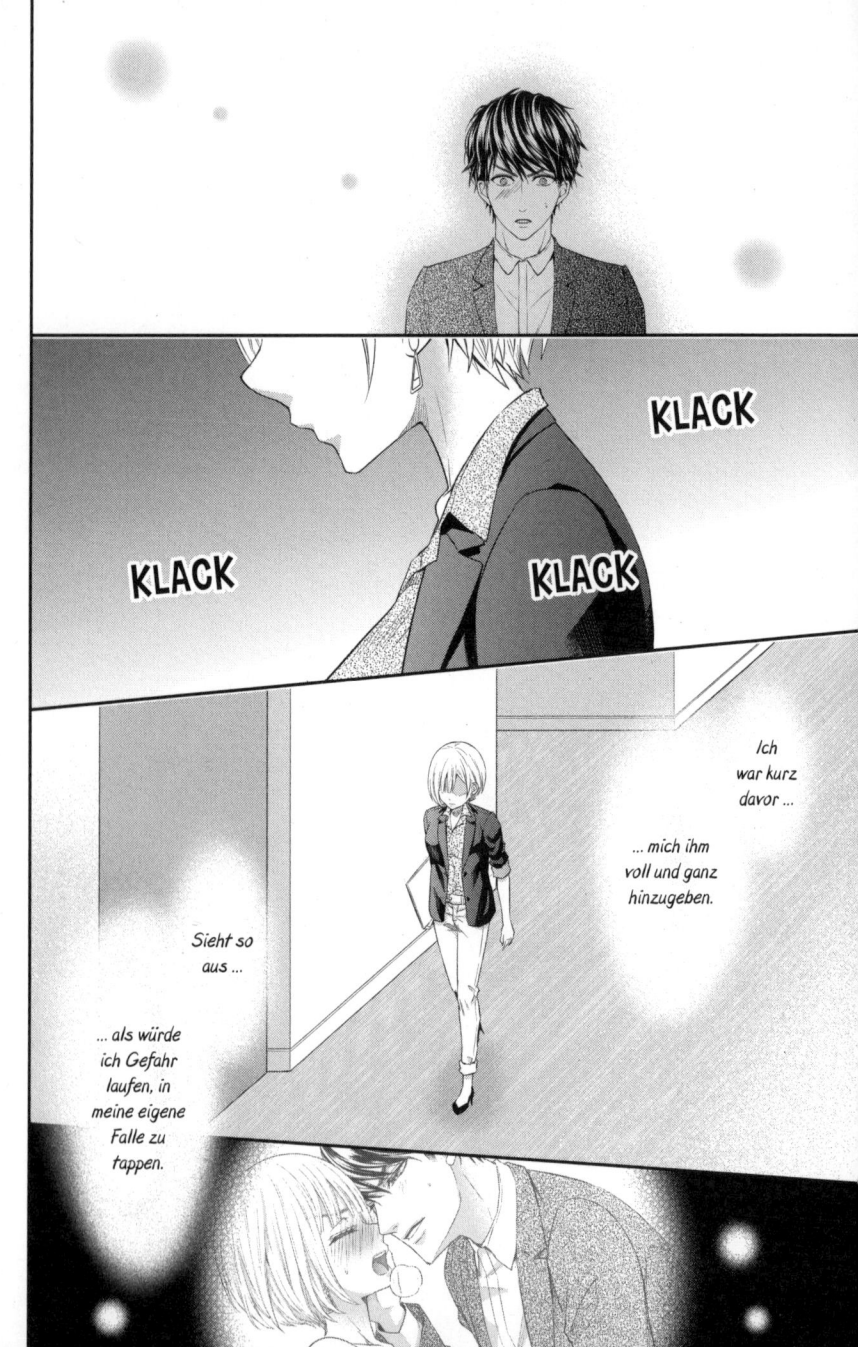

KLACK

KLACK

KLACK

Ich
war kurz
davor ...

... mich ihm
voll und ganz
hinzugeben.

Sieht so
aus ...

... als würde
ich Gefahr
laufen, in
meine eigene
Falle zu
tappen.

Heute
Nacht ...

... werde
ich vor Auf-
regung sicher
nicht schlafen
können ...

Hallo, ich bin Ai Hibiki!

Vielen Dank, dass ihr den ersten Band von Heiße Dates am Arbeitsplatz erworben habt!

Ich betrachte dieses Werk vom Konzept her als eine Art Erwachsenenversion meines früheren Werkes Dein Verlangen gehört mir. Und so kann ich wieder eine perverse Frau voller sexueller Gelüste zeichnen und habe mächtig Spaß daran. Auch der männliche Protagonist ist dieses Mal ein Charakter, der mir leicht von der Hand geht – mit dem Ergebnis, dass er jetzt wohl recht heißblütig geworden ist. Aber gut, ein übler Kerl ist er ja nun nicht. Ich würde mich daher freuen, wenn euch die Protagonistin und er gefallen. Da die aktuelle Protagonistin älter und erfahrener als Rei (die Protagonistin aus Dein Verlangen gehört mir) ist, ist sie perverser. Takigawa plant aber anscheinend, sie nach und nach davon zu therapieren …(?) Daher wäre es mir eine Freude, wenn ihr das Geschehen an einem warmen Tag mitverfolgen würdet. Im Titel heißt es ja auch »heiße Dates«!

Ah, wo wir gerade vom Titel des Mangas sprechen: Ich hatte damals keine guten Ideen. Ich brachte unzählige Vorschläge, aber alle wurden abgelehnt. Schlussendlich kam mein damaliger Redakteur, der mit an dem Werk gearbeitet hatte, auf Dein Verlangen gehört mir! K-san, ich danke dir ganz herzlich dafür!

Keine Ahnung, ob Takigawa bei diesem Anblick in der eigentlichen Story ausrasten oder erotische Dinge tun würde, deswegen gibt's das nur hier. Sie zeigt im Bunny-Kostüm ihre einladende Seite und lächelt sinnlich. →

Kapitel 2

Rin Narita ...

Dass du ...

... mal so ein Gesicht machen würdest ...

Danke schön!

Auch dafür, dass ihr extra in die Redaktion gekommen seid.

Kyah! ♡♡

Der Autor, dessen Betreuung Sie übernommen haben, ist in den Umfragen bereits auf Platz eins.

Ich hab's gerade mitbekommen. ♥

Ah, Takigawa-san!

Nicht dafür ...

Könnten Sie mir verraten, mit was für Kniffen und Anweisungen ...

... Sie das geschafft haben?

Ah ja ...

Hätten Sie nicht Lust, mit uns Tee trinken zu gehen?

Ah! Ähm ...

ずい

SCHMACHT

Das ist keine Eitelkeit ...

... sondern ein Fakt!

Ich sehe höllisch gut aus!

Auch wenn ich anderen von Geburt an in vielen Dingen überlegen bin ...

Hautpflege

Darüber hinaus ...

... scheue ich Tag für Tag keine Mühen ...

Vielen herzlichen Dank!♥

... in Sachen Arbeit und Selbstoptimierung.

... ist mein Styling perfekt!

Daher ist es ...

Und so bin ich ...

... voller Selbstvertrauen und stolz auf meine Leistung.

... keine Überraschung für mich ...

... dass alle weiblichen Angestellten in mich verschossen sind.

ZACK

Takigawa-san!

Unterhaltet euch in Zukunft bitte woanders.

Das stört hier!

Pah!

Obwohl sie mein Kohai ist, ist sie kein Stück niedlich!*

*Anrede für jüngere Schüler*innen, Studien- und Arbeitskolleg*innen

S... Sorry ...

Sie ist mit Feuereifer bei der Sache, was Arbeit anbelangt ...

Sorry!

Die ist ja gruselig ...

Sie sind so lieb!

Sie hat mir richtig Angst eingejagt!

Und ...

... spiel also bitte meinen Partner.«

»Ich brauche Bildreferenzen für die Beziehung zwischen einer Frau und einem Mann ...

... für ihren Job tut diese Frau alles!

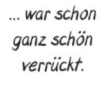

Ah ...!

Ich bleibe lieber auf Distanz.

Ich hab zwar mitgespielt ...

... aber ich weiß, dass sie mich nach wie vor nicht ausstehen kann.

... war schon ganz schön verrückt.

Mich um so was zu bitten ...

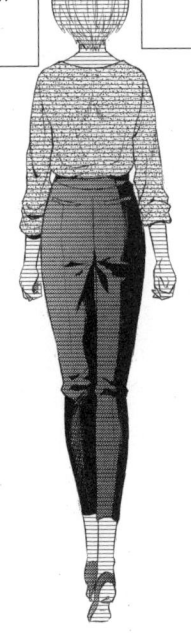

Dann gehen wir jetzt ...

... wieder zurück.

Ja, tut mir leid.

Bye!

N...

Nicht...

ZITTER

ZITTER

KEUCH

Selbst wenn
ich grob mit ihr
umspringe ...

... zieht das
nicht bei
ihr.

SCHAUDER

ビ
ク
ッ
ッ

Aaah!

Mh ...!

Ah!

Hah!

Hah!

Ah!

Dass
Narita ...

... auch so
eine Seite
hat ...

Hah!

Hah!

Hah!

SCHAUDER

FOMP

Kapitel 3

Was, wenn dich jemand hört?!

Spinnst du?!

Red nicht so komisches Zeug!

Es stimmt aber.

... wenn du im Begriff bist, mich zu vergewaltigen.

Berühr mich bitte nur ...

Wir sind unterwegs ...

... um genau das zu tun.

Psst!

Du hast doch ...

Ich sagte doch ...!

... selbst ganz willig zugesagt.

!

Okay ...
Wegen nächster Woche ...
...
Sie sieht ...
... echt nicht wie eine Frau aus, die sich als ultimative Perverse entpuppt.
ZUCK
ZUCK
Ah!
Aaah ...!
Aber ...
Hah!
WEGDREH

... eine Lehre draus gezogen, nachdem ich sie zum Höhepunkt gebracht hab.

Offenbar hat sie ...

... dass sie mich seitdem meidet.

... ich hab das Gefühl ...

Meid mich, so viel du willst!

Ich will mit dir verrücktem Weibsstück auch nichts mehr zu tun haben!

Ist mir nur recht!

ぐっ BALL

キ!! WÜTEND

Taki-gawa-san!

Ja, ich habe verstanden.

Ich werde es prüfen und mich noch einmal melden.

SCHRECK

Die Mädels schauen her.

Wa...?!

Was ist?! Starr mich nicht plötzlich so böse ...

Kann ich irgendwas für dich tun?

Was für ein Stress!

LÄCHEL

Er hat sich unglaublich ...

Und daher ...

... über das Videomaterial gefreut, da du genau dem Charakter entsprichst, Takigawa.

... war von Honjo-sensei.

Der Anruf gerade ...

?!

118

Dafür hab ich's doch aufgenommen.

Ja.

Das ...?!

Ah

KLATTER

Du hast ihm das ausgehändigt?!

Wa...?!

Ist ihr Schamgefühl abgestorben, oder was?!

Wie kann sie denn so was jemandem zeigen?!

I... Ist die bescheuert?!

Dachte, es wurde gelöscht, weil es viel zu heftig war.

Häää ...?!

Live performen ...?!

Wir sollen das vor seinen Augen tun?!

... er möchte ein Video aus einer von ihm gewählten Perspektive aufnehmen.

Daher will er, dass wir bei ihm zu Hause live performen ...

Und ...

Ein Video von Takigawa-san?!

Wah! Das will ich sehen!

Von was für Videomaterial ist hier die Rede?

Was ist das für ein Video?

Ähm ...!

Äh ...

Wie soll ich sagen ...

Sie sind sehr sportlich, nicht?

G... Genau!

Es sind nur ein paar unspektakuläre »Moves« ...

Takigawa-san ist dafür sehr gut geeignet.

Es ist eine kurze Actionszene.

Dann. ...

... hilfst du wieder aus, richtig?

Und so sind wir jetzt hier gelandet ...

Takigawa-kun*!

So heißt du, richtig?

Hach!

Ich bin euch wirklich dankbar!

Entschuldige, dass du jetzt sogar zu mir nach Hause kommen musstest ...

Ah, schon gut!

... obwohl du mich gar nicht betreust.

Das Video neulich war eine fantastische Referenz.

*Anrede für Jungen und jüngere Männer

Lässt die Redakteure für sein Werk **erotische Spielchen** treiben. *Ist der pervers, oder was?!*

Wenn es Ihrem Werk hilft, Honjo-sensei ...

Hach!

Wirklich vielen Dank!

Hat der etwa auch spezielle Vorlieben?

Ist schließlich ein Genie ...

An mich reicht er jedoch nicht heran!

... und ein heißer Kerl, dessen Alter man schwer einschätzen kann. Genau wie die Gerüchte besagen.

Pff ...

Yuga Honjo ...

Berühmt für seine realistischen Porträts ...

Er ist unser Aushängeschild ...

Nun ...

Das Video neulich hat mir eigentlich schon sehr geholfen ...

Das ist für mich als Redakteurin doch selbstverständlich.

Das ist doch offensichtlich eine Falle für mich!

... aber Narita-chan* meinte: »Wenn du magst, performen wir es live für dich.

Wenn es deinem Werk hilft, wäre es mir eine Freude.«

Dieses Weib ...!

Ich werde so verwöhnt!

*verniedlichende Anrede für gute Freunde und kleine Kinder

Hier ist das Skript für die heutige Szene.

Hier, zwei Kopien!

Narita-chan hat's zwar bereits abgesegnet ...

... aber ich hab versucht, es noch mal zu überarbeiten.

Ich seh
es mir
an.

...

Wie zu er-
warten eine
gute Story.

Hah! Hah!

Er-in-
nere
dich!

Was
machs...
...?!

Ah

Nein
...!

Das sollen
wir echt ma-
chen?!

Es geht
aber deutlich
mehr zur Sache
als beim letz-
ten Mal!

Sie ist
sicher schon
ganz aus dem
Häuschen ...

Es läuft
ganz nach
Naritas
Wunsch.

Ver-
dammt!

Wunder-
voll ...

...?!

Die
schmerzhafte
Leidenschaft,
die sie durch die
Liebkosungen
überflutet ...

... kommt
hier so gut
zur Geltung,
dass es
wehtut.

Diese Geschichte ...

... berührt mich zutiefst!

N...

Narita ...?

Echt? Das freut mich!

Ja!

Ich gehe mir die gleiche Kleidung anziehen, wie Yuri sie trägt.

Gut, ich will euch nicht drängen ...

... aber wollen wir dann mit den Vorbereitungen für den Dreh beginnen?

So ein Gesicht ...

... kann sie also auch machen?

Hach!

Wie mich das Lob freut!

Es ist eine ...

... wirklich schöne Geschichte.

»Immer«?

Mir hat sie sich noch nie so gezeigt ...

Narita-chan reagiert immer so offen und ehrlich.

Ihr zu vertrauen fällt nicht schwer, oder?

Wie bitte?

Einstellungen gecheckt!

... aber in Wirklichkeit ist sie eine sehr emotionale Person.

Auf den ersten Blick wirkt sie gefühlskalt ...

Das Einzige, was sie damit vielleicht überspielt, ist ihre Geilheit.

Äh, kaum vorstellbar ...

Ob das dann nicht viel mehr ihrem wahren Charakter entspricht ...

... und die Coolness lediglich eine Fassade ist?

Autoren interpretieren gerne zu viel rein, was?

KRIEK

Entschuldigt, dass ihr warten musstet.

Wow ...!

So elegant ...

... kann sie also auch aussehen?

... spießigen Business-look.

Sonst trägt sie immer ...

Hä ...?

Du wirkst ganz wie Yuri!

Super!

Kapitel 4

Ich weiß, dass es sich hierbei lediglich um gefilmtes Referenzmaterial handelt ...

... aber ich denke, wir könnten ein noch besseres Schauspiel bieten, wenn wir auch den Ton hinzufügen.

Dann möchte ich um etwas Zeit bitten, um die Texte aus dem Skript auswendig zu lernen ...

Stimmt! Gute Idee!

Einverstanden!

Nicht wahr, Takigawa-san?

Wa...?!

Lern bitte schnell deinen Text.

Du bist echt ...!

... deine eigenen Gelüste zu missbrauchen?!

Was bildest du dir eigentlich ein, den Sensei für ...

Du vermischst hier Arbeit mit Privatleben!

Ja, na und?

!

Was ist
so schlimm
daran ...

... wenn
ich mir
dafür meine
persönlichen
Neigungen
zunutze
mache?

Honjo-sensei
gibt alles für
sein Werk.

Deswegen
möchte ich ihm
vernünftiges
Referenzmate-
rial bieten.

Beides
ist mir
wichtig!

Daher habe
ich nicht die
Absicht, Beruf
und Privatleben
zu trennen!

Ja!

Dann fangen wir jetzt an, okay?

Vielen Dank schon mal!

Uuund ... Action!

HD

Yuri hat ihre Erinnerungen verloren ...

Ihr ehemaliger Geliebter, Haruto ...

... versucht mit aggressiven Annäherungsversuchen ihre Erinnerungen wachzurufen ...

Nein!

Als wäre ich eine geliebte Person ...

Wieso sieht er mich so an?

Ist er Haruto?

Ver- schmilzt ...

... Takigawa voll und ganz mit Harutos Gefühlen?

Ah ...!

Mmh ...

... stimmt nicht mit den Impres- sionen aus dem Skript überein!

... diese liebevolle Art ...

A... Aber ...

Ich vertraue ...

... auf meine Interpretation, die mich beim Lesen zu Tränen gerührt hat.

So komme ich nicht in Stimmung!

Ich werde Yuri so darstellen, wie ich sie beim Lesen wahrgenommen hab ...

...ver-stehe gar nichts mehr!

Ich ...!

N... Nein ...!

Erfüllt mit Angst vor Haru-to ...

... und sich mit aller Kraft gegen ihn wehrend!

Etwas anderes ...

Mh
...!

Ah ...!

Du willst
jetzt schon
kommen?

Pff ...!

...an dem
Haruto Yuri
wie wild be-
fummelt ...

J...Jetzt
kommt der
Moment ...

Uh ...!

Jetzt
geht's
los ...

Da habe
ich wohl
keine
andere
Wahl ...

SCHLUCK

...und
sie mit
Gewalt
...

Aah!

ZUCK

Fortsetzung folgt ...

Danke, dass ihr bis hierhin gelesen habt!
Es wäre mir eine große Freude, wenn ihr die
Entwicklung der Liebesbeziehung zwischen dieser
perversen Frau und diesem narzisstischen Mann
im nächsten Band weiterverfolgen würdet!

••● Danke an ●••

Meine Familie und Freunde, die
mich immer unterstützen
Meinen Redakteur, der mich
berät
Alle aus der Mobile Flower-
Redaktion
Designer und Texter
Alle, die an Herstellung und
Vertrieb des Mangas beteiligt
sind …

Und vielen Dank
an euch, meine Leserinnen
und Leser!
Ich bedanke mich ganz herzlich!
Und natürlich auch bei meiner
Katze Pote (Potato)! (Lach)

Danke, dass du mir immer
Kraft schenkst! ♥

Ich will
seinen
Körper
...

Ist
das Be-
gierde?

Profil der Autorin

Geboren am 25. August
Sternzeichen: Jungfrau
Blutgruppe: 0
Stammt aus einer Präfektur in Osaka
Hobbys: alle Arten von Handarbeiten und das Sammeln von Retro-Kram
Ihr Debüt-Werk ist *Ren'ai No Amikata**
(Erschienen im *Cheese!* Magazin, Sonderausgabe vom Dezember 2004)
Ist aktuell aktiv für das *Mobile Flower* Magazin! ♡

Kommentar

*Und wieder hab ich angefangen,
einen versauten Manga zu zeichnen.
Und das erste Mal mit einem Büro
als Schauplatz (?) …
Oder besser gesagt mit Menschen
aus dem Business!
Das ist erfrischend und macht Spaß!*

Ai Hibiki

Heiße Dates
am Arbeitsplatz

TOKYOPOP GmbH
Hamburg

TOKYOPOP
1. Auflage, 2023
Deutsche Ausgabe/German Edition
© TOKYOPOP GmbH, Hamburg 2023
Aus dem Japanischen von Iga Marta Handtke

YUGANDERU WATASHI GA DEKIAI SARETEMASU Vol. 1
by Ai HIBIKI
©2020 Ai HIBIKI
All rights reserved.
Original Japanese edition published by SHOGAKUKAN.
German translation rights arranged with SHOGAKUKAN through
The Kashima Agency.
Original Cover Design: norico mashico (mameco)

Redaktion: Lisa Duty
Lettering: Vibrant Publishing Studio
Herstellung: Mathias Neumeyer
Druck und buchbinderische Verarbeitung:
CPI–Clausen & Bosse GmbH, Leck
Printed in Germany

Wir achten auf die Umwelt.
Dieses Produkt besteht aus FSC®-zertifizierten
und anderen kontrollierten Materialien.

ISBN 978-3-8420-8430-8

Heiße Dates am Arbeitsplatz

UNWIDERSTEHLICHER S
Ai Hibiki

Ich werde eine vorzügliche Liebhaberin!

Da ihr Vater hoch verschuldet und die Mutter sehr krank ist, beschließt Miku ihre Familie aus der finanziellen Notlage zu befreien. Sie will sich einem reichen Verwandten als Mätresse anbieten, wird jedoch bereits an den Toren des Anwesens vom Butler abgewiesen, da sie zu unerfahren sei. Was Miku an Kenntnissen in Sachen Liebe fehlt, gleicht sie jedoch mit Hartnäckigkeit aus. Und so muss sie sich ausgerechnet von dem gut aussehenden Butler Sogo »Liebesunterricht« erteilen lassen, um die Position der Liebhaberin zu ergattern ...!

www.tokyopop.de

SEXY SHORT STORIES
Ai Hibiki

»Ich wusste gar nicht, dass du so sexy bist!!«

Aki ist schon seit Langem in ihren Kindheitsfreund Hayato verliebt. Plötzlich bietet sich für sie die Möglichkeit, in seinem neuen Filmprojekt die Hauptrolle zu übernehmen. Es handelt sich allerdings um einen erotischen Kurzfilm! Ist das endlich die Gelegenheit, sich Hayato von einer anderen Seite zu zeigen und ihn womöglich zu verführen? Fünf süße, erotische Kurzgeschichten über die Liebe, Lust und Leidenschaft aus der Feder von *Dein Verlangen gehört mir*-Autorin Ai Hibiki!

www.tokyopop.de

DEIN VERLANGEN GEHÖRT MIR

Ai Hibiki

Nichts als Sex im Kopf!

Frauenheld Mahiro und Musterschülerin Rei leben durch die Heirat ihrer Eltern ab sofort unter einem Dach! Da Mahiro hobbymäßig in jeder freien Minute mit Mädchen zusammen ist, zieht er sich den Zorn von Rei zu, die ihn deswegen offen kritisiert. Dafür will er sich rächen, doch damit nimmt das Unheil seinen Lauf, denn jetzt lässt Rei ihm keine ruhige Minute mehr ...!

www.tokyopop.de

BITE MAKER
Miwako Sugiyama

Der erste Shojo-Manga im Omegaverse!

Mit den Genen eines Alphas und einzigartigen Fähigkeiten aus-
gestattet, liegt dem smarten Nobunaga das Tokyo der Zukunft
zu Füßen. Ein Los, das nur einer von 100.000 Menschen zieht!
Obwohl er scheinbar alles haben kann, verzehren sich sein Körper und Geist nur nach einer Person: einer Omega. Auch das
Leben der hübschen Noel wird von der Sehnsucht geprägt. Wie
gern würde sie ein ruhiges Dasein als Beta führen. Als sie jedoch
per Zufall auf Nobunaga trifft, begreift sie, wie sehr ihre Gene ihr
Schicksal bestimmen ...

www.tokyopop.de

DIE WERTE LADY LÄSST SICH GERN DEN HINTERN VERSOHLEN

Monaka Morinaka

Reich, schön ... und versaut

Momo ist schon seit ihrer Kindheit in den galanten Natsuki verliebt und möchte für ihn eine elegante Lady werden. Bei ihrer nächsten Nachhilfestunde zieht der sonst so höfliche Gentleman aber plötzlich andere Seiten auf und bestraft Fehler mit körperlicher Züchtigung. Momo sollte eigentlich entsetzt sein, verspürt stattdessen jedoch eine unbändige, lustvolle Freude!

www.tokyopop.de

VERFÜHRERISCHES VERMÄCHTNIS

Ema Toyama

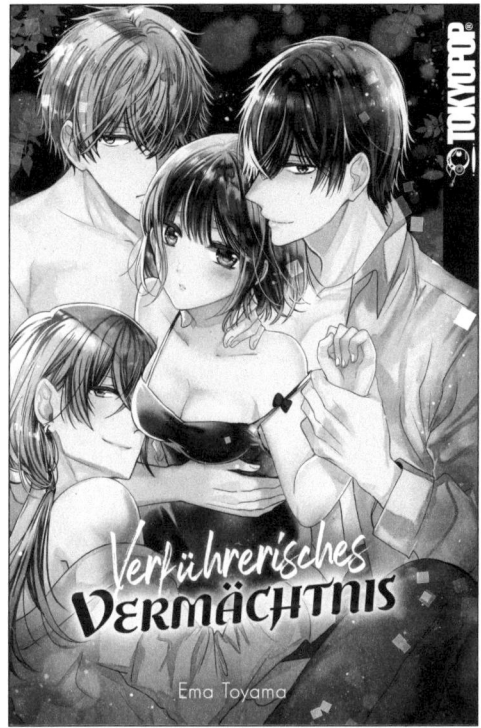

Mahiru und ihre mörderischen Millionen

Nach dem tragischen Tod ihrer Eltern wird Mahiru von ihren Adoptivbrüdern Shinya, Yuto und Asahi aufgenommen. Als einige Jahre später auch ihr Großvater ums Leben kommt und ein großes Erbe hinterlässt, fällt Mahiru beim Verlesen des Testaments aus allen Wolken: Nur derjenige, der sie ehelicht oder umbringt, darf als neues Familienoberhaupt das Erbe antreten! Wird es für Mahiru ein Happy End geben?

www.tokyopop.de

ALLE SIND IM HOCHZEITSWAHN

Izumi Miyazono

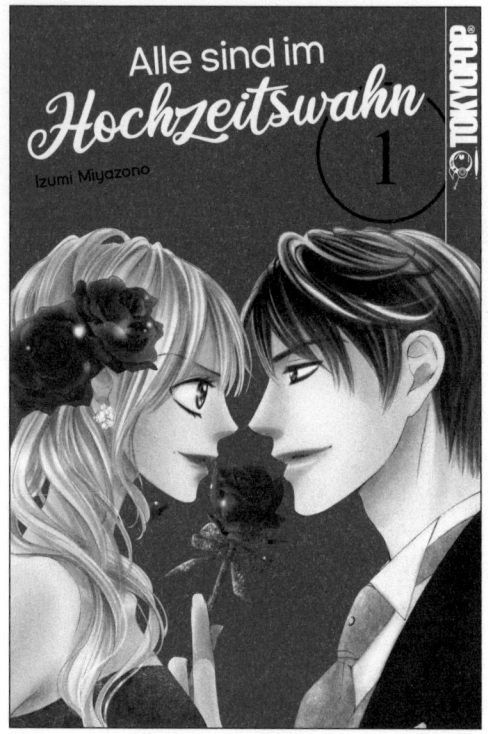

Ja, ich will (nicht)!

Die erfolgreiche und frisch getrennte Bankangestellte Asuka träumt davon zu heiraten. Doch irgendwie will sich kein passender Partner finden. Als schließlich mit Fernsehsprecher Ryu ein aussichtsreicher Kandidat auftaucht, wird es kompliziert. Denn der lehnt eine Hochzeit klar ab! Aber Gegensätze ziehen sich ja bekanntlich an ...

www.tokyopop.de

PROMISE CINDERELLA

Oreco Tachibana

Mein Leben, meine Spielregeln!

Hayame hat schon seit ihrer Kindheit einen starken Sinn für Gerechtigkeit, welcher sie immer wieder in Schwierigkeiten bringt. Als sie von der Affäre ihres Mannes erfährt, stellt sie ihn zur Rede – und wird prompt von ihm auf die Straße gesetzt. Arbeits- und obdachlos versucht sie, ihr Leben zurückzuerkämpfen. Dann lernt sie den verwöhnten Highschool-Schüler Issei kennen, der ihr Geld und eine Unterkunft anbietet. Das Ganze hat jedoch einen Haken: Sie muss dafür nach seiner Pfeife tanzen! Hayame willigt ein, spielt jedoch nach ihren eigenen Regeln ...

www.tokyopop.de

AGENT OF MY HEART
Maki Enjoji

Talentfrei in Sachen Liebe?!

Chitose Saejima sorgt als Managerin einer Agentur hinter den Kulissen für das Wohlergehen von Prominenten. Ihre strenge Art, die gleichermaßen gefürchtet wie bewundert wird, hat sich Chitose hart erarbeitet. Dabei steckt mehr als Ehrgeiz hinter ihrer Mühe: Denn als Schülerin wurde sie gemobbt und hat sich daher geschworen, eine toughe Frau zu werden. Als sie jedoch den aufstrebenden Star Sena Fujishiro betreuen soll, beginnt Chitoses starke Fassade zu bröckeln ...

www.tokyopop.de

CHECK ME UP!

Maki Enjoji

Diagnose? Liebe!

Als Nanase gemeinsam mit dem jungen Arzt Dr. Tendo das Leben einer alten Dame rettet, ist es um sie geschehen: Diesen attraktiven Helden muss sie wiedersehen! Sie schlägt die Laufbahn der Krankenschwester ein und landet sogar in derselben Klinik wie Dr. Tendo! Doch die Begegnung verläuft anders als gedacht. Statt auf einen charmanten Arzt trifft sie auf einen dämonischen Mediziner, dem die Kollegen wegen seiner ruppigen Art aus dem Weg gehen. Nanase lässt sich jedoch nicht einschüchtern und bietet ihm mit frechen Sprüchen die Stirn!

www.tokyopop.de

HEY SENSEI, DON'T YOU KNOW?

Aya Asano

Workaholics in Love

Romantische Momente voller Herzklopfen? Hanas Leben ist voll davon, denn als Shojo-Mangaka ist es ihr Job, mit romantischen Geschichten ihre Fans zu erfreuen. Leider bleibt ihr eigenes Leben dabei ziemlich auf der Strecke und sie schafft es noch nicht einmal, regelmäßig zum Friseur zu gehen. Als sie eines Tages nach der Arbeit erschöpft einen Beauty-Salon ansteuert, wird sie grob abgewimmelt. Doch der kurze Moment genügt, dass Friseur und Stylist Riichi auf sie aufmerksam wird. Leidenschaftliche, engagierte Frauen ziehen ihn an, und so möchte er unbedingt, dass Hana seine Freundin wird ...

www.tokyopop.de

VERLIEBT IN DIE NACHT

Mio Nanao

Verhängnisvolle Erbschaft

Obwohl Yoru erst 17 Jahre alt ist, trägt sie bereits viel Verantwortung: Nach dem Tod ihres Großvaters erbt sie das Familienanwesen, in dem sie nun mit Dienstmädchen Tomiko und Kater Tomo lebt. Eines Tages steht Akito vor ihrer Tür, den sie aus Kindertagen kennt und aus dem inzwischen ein attraktiver Anwalt geworden ist. Er schlägt ihr vor, sie zu ehelichen und in Rechtsfragen zu unterstützen, damit kein anderer Verwandter ihr das Anwesen streitig machen kann. Doch obwohl die Heirat mit Akito der letzte Wille des Großvaters ist, bezweifelt Yoru, dass sie ihm vertrauen kann ...

www.tokyopop.de

ZUM GLÜCK BEI DIR

Rika Enoki

Priester, Nachbar, Herzensdieb!

Die 16-jährige Yae zieht für ein ganzes Jahr von Tokyo aufs Land. Schon am ersten Tag in ihrer neuen Heimat begegnet sie einem charmanten Mann namens Oda, der sich nicht nur als Priester des örtlichen Schreins, sondern auch als ihr Nachbar herausstellt! Um Yae den Einstieg in ihr neues Leben zu versüßen, bietet er ihr seine Hilfe und sogar einen Job als Schreinmädchen an. Yae ist Oda sehr dankbar, doch schnell wird ihr bewusst, dass er mehr von ihr will ...

www.tokyopop.de

DO SOMETHING BAD WITH ME
Haru Aoi

My Bucket List of Love

Wer Hilfe benötigt, ist bei Musterschülerin Towako bestens aufgehoben, denn sie ist freundlich, ordentlich und hilfsbereit. Vorausgesetzt man ist ein Mädchen, denn Towakos Hass auf Jungs ist schulbekannt! Gerade frisch an der Highschool, lernt auch der hübsche Yui ihre kühle Art kennen. Als ihm Towakos Notizen in die Hände fallen, erfährt er ihr Geheimnis: Nur zu gern würde sie mit einem Jungen unanständige Sachen machen ...

www.tokyopop.de

AIKO UND DIE WÖLFE DES ZWIELICHTS

Chiyori

»Ich habe das Tor zur Hölle aufgestoßen!«

Aiko und ihre Oma müssen die Schulden von Aikos Mutter abbe-
zahlen und werden ständig von Geldeintreibern bedrängt. Eines
Tages vetreibt ein Junge namens Inui diese Typen und rettet Aiko
fortan immer häufiger aus riskanten Situationen – auch wenn er
sich dafür in einen höllischen Wolfshund verwandeln muss! Doch
ihr Retter hat mit der italienischen Mafia zu tun und verfolgt eigene Pläne. Als ein weiterer Anhänger der Mafia in Aikos Leben tritt
und sie vor Inui warnt, wächst ihr innerer Zwiespalt: Meint er es
gut mit ihr oder stürzt er sie noch weiter ins Unglück?

www.tokyopop.de

WHITE LIGHT CEREMONY
Shinobu Takayama

Mystischen Ereignissen auf der Spur

Journalist Mizuki muss einen Artikel über eine mysteriöse
Mordserie und die »Welkekrankheit« schreiben, die in der
Stadt grassiert. Seine Recherche führt ihn ins Rotlichtmilieu,
wo sich sein Verdacht bestätigt, dass für beides Dämonen ver-
antwortlich sind. Als plötzlich einer von ihnen Mizuki angreift,
kommt ihm eine junge Frau namens Shiraume zur Hilfe, die ihn
mit ihrem blumigen Duft verzaubert. Von ihr erfährt er auch,
dass aus einigen Infizierten mumifizierte Leichen werden und
andere sich in geifernde Monster verwandeln!

www.tokyopop.de

STOPP!

**Dies ist die letzte Seite des Buches!
Du willst dir doch nicht den Spaß verderben
und das Ende zuerst lesen, oder?**

Um die Geschichte unverfälscht und original-
getreu mitverfolgen zu können, musst du es
wie die Japaner machen und von rechts nach
links lesen. Deshalb schnell das Buch um-
drehen und loslegen!

So geht's:

Wenn dies das erste Mal sein
sollte, dass du einen Manga
in den Händen hältst, kann dir
die Grafik helfen, dich zurecht-
zufinden: Fang einfach oben
rechts an zu lesen und arbeite
dich nach unten links vor.
Viel Spaß dabei wünscht dir
TOKYOPOP®!